Vorwort

Auch in Deutschland hat sich inzwischen die Low-Carb-
Ernährung eingebürgert. Es ist eine bewiesene Sache,
dass man durch den Verzicht auf Kohlehydrate besser
abnimmt. Gerade in unserem Land ist die Brotzeit sehr
beliebt, viele von uns möchten darauf nicht verzichten.
Es gibt aber auch Brote, welche man mit sehr wenig
Kohlehydrate zubereiten kann, so dass die Low-Carb-
Diät trotzdem greift und das Abnehmen nicht behindert.

Um Ihnen dieses darzubieten, habe ich dieses Buch
entwickelt und wünsche Ihnen viel Freude damit.

Inhaltsangabe

Joghurt Brot
Kleine Fladenbrote
Pizza Fladen
Ziegenkäse Fladen
Oliven Fladen
Salami Fladen
Kichererbsenbrot
Helles Quarkbrot
Sesambrot
Veganes Hefebrot
Mandel Joghurtbrot
Knuspriges Walnussbrot
Knuspriges Haselnussbrot
Knuspriges Mandelbrot
Süßes Kokosbrot
Süßes Mandelbrot
Kokos Bananenbrot
Affenbrot
Rustikales Sonnenblumenkernbrot
Rustikales Kürbiskernbrot
Kürbiskern Käsebrot
Macadamianuss Brot
Pinienkerne Brot
Kastanienmehl Brot
Flohsamen Brot

Kürbiskern Kastanienmehl Brot
Mohnbrot
Sesambrot

Nachtrag zum Impressum
Copyright / Bilderquelle

Walnussbrot

Zutaten
250 g Quark
50 g Speisekleie
50 g Eiweißpulver neutral
50 g Leinsamen, geschrotet
60 g gehackte Walnüsse
20 g Butter
1 TL Brotgewürz
2 Eier
1 TL Backpulver

Zubereitung
Alle Zutaten in eine Schüssel geben und mit dem
Handrührgerät vermischen. Eine Kastenform mit
Backpapier auslegen und den Teig hineingießen. Im
Backofen bei 180 Grad ca. 1 Stunde backen.

Pekannussbrot

Zutaten
250 g Quark
50 g Speisekleie
50 g Eiweißpulver neutral
50 g Leinsamen, geschrotet
60 g gehackte Pekannüsse
20 g Butter
1 TL Brotgewürz
2 Eier
1 TL Backpulver

Zubereitung
Alle Zutaten in eine Schüssel geben und mit dem
Handrührgerät vermischen. Eine Kastenform mit
Backpapier auslegen und den Teig hineingießen. Im
Backofen bei 180 Grad ca. 1 Stunde backen.

Leinsamen Mandelbrot

Zutaten
300 g Magerquark
100 g Mandeln gemahlen
100 g Leinsamen gemahlen
20 g Butter
5 EL Weizenspeisekleie
8 Eier
1 TL Salz
1 Pck. Backpulver
2 EL Sonnenblumenkerne

Zubereitung
Alle Zutaten außer den Sonnenblumenkernen in eine
Schüssel geben und vermengen. Eine Kastenform mit
Backpapier auskleiden und den Teig hinein geben. Mit
den Sonnenblumenkernen bestreuen und in den Ofen
schieben. Bei 180 Grad ca. 1 Stunde backen.

Leinsamen Haselnussbrot

Zutaten
300 g Magerquark
100 g Haselnüsse gemahlen
100 g Leinsamen gemahlen
20 g Butter
5 EL Weizenspeisekleie
8 Eier
1 TL Salz
1 Pck. Backpulver
2 EL Sonnenblumenkerne

Zubereitung
Alle Zutaten außer den Sonnenblumenkernen in eine
Schüssel geben und vermengen. Eine Kastenform mit
Backpapier auskleiden und den Teig hinein geben. Mit
den Sonnenblumenkernen bestreuen und in den Ofen
schieben. Bei 180 Grad ca. 1 Stunde backen.

Weißbrot

Zutaten
200 g Sojamehl
160 g Gluten
30 g Eiweißpulver neutral
1 Würfel Hefe
1 Ei
200 ml lauwarmes Wasser
80 g Butter

Zubereitung
Hefe und Wasser in eine Schüssel geben und die Hefe
darin auflösen. Nun die übrigen Zutaten hinzufügen und
mit dem Rührgerät zu einem Teig kneten. Den Teig eine
Stunde ruhen lassen. Eine Brotbackform mit Backpapier
auslegen und den Teig hineinfüllen. Das Brot bei 180
Grad ca. 1 Stunde backen.

Baguette

Zutaten
150 g Mandelmehl
50 g Flohschalen gemahlen
2 Eiweiß geschlagen
1 gestrichener TL Salz
2 TL Backpulver
250 g kochendes Wasser

Zubereitung
Alle trockenen Zutaten in eine Rührschüssel geben und miteinander vermengen. Jetzt die übrigen Zutaten hinzufügen und mit dem Rührgerät vermischen. Ein Backblech mit Backpapier ausschlagen. Aus dem Teig kleine Baguette formen und bei 180 Grad ca. 45 Minuten backen. Man kann sie auch mit Käse oder Sonneblumenkernen bestreuen.

Vielerlei Nussbrot

Zutaten
100 g Walnussmehl
100 g Haselnussmehl
100 g Kokosmehl
200 g Mandelmehl
4 Eier
200 g Joghurt
60 g Olivenöl
1 TL Natron
20 g Flohsamenschalen gemahlen
1 TL Kümmel

Zubereitung
Die Zutaten nacheinander in eine passende Schüssel
geben. Mit dem Rührgerät auf höchster Stufe kneten, bis
ein homogener Teig entsteht. Eine Backform mit
Backpapier auskleiden und den Teig hinein geben. Bei
180 Grad ca. 1 Stunde backen.

Kokosbrot

Zutaten
300 g Kokosmehl
200 g Mandelmehl
4 Eier
200 g Joghurt
60 g Kokosöl
1 TL Natron
20 g Flohsamenschalen gemahlen
1 TL Kümmel

Zubereitung
Die Zutaten nacheinander in eine passende Schüssel geben. Mit dem Rührgerät auf höchster Stufe kneten, bis ein homogener Teig entsteht. Eine Backform mit Backpapier auskleiden und den Teig hinein geben. Bei 180 Grad ca. 1 Stunde backen.

Kleines Bauernbrot

Zutaten
70 g goldgelbe Leinsaat gemahlen
1 TL Brotgewürz
1 TL Backpulver
2 Eier
40 g Butter
etwas Salz

Zubereitung
Alle Zutaten in einer Schüssel miteinander vermengen.
Eine kleine Brotbackform mit Backpapier auskleiden und
den Teig hinein geben. Bei 180 Grad ca. 30 Minuten
backen.

Buttertoast

Zutaten
280 g gemahlene Mandeln weiss
90 g gemahlene Flohsamenschalen
2 TL Backpulver
1 Teelöffel Salz
60 g Apfelessig
6 Eiweiße geschlagen
340 g kochendes Wasser

Zubereitung
Alle Zutaten außer dem Wasser in eine Schüssel geben.
Kurz miteinander vermengen. Nun das Wasser hinein
geben und auf höchster Stufe zügig mit dem
Handrührgerät vermischen. Eine Brotform mit
Backpapier ausschlagen und den Teig hinein geben. Bei
180 Grad ca. 1 Stunde backen.

Leinsamen Toast

Zutaten
200 g gemahlene Mandeln weiß
80 g gemahlene Leinsamen
90 g gemahlene Flohsamenschalen
50 g Leinsamen
2 TL Backpulver
1 Teelöffel Salz
60 g Apfelessig
6 Eiweiße geschlagen
340 g kochendes Wasser

Zubereitung
Alle Zutaten außer dem Wasser in eine Schüssel geben.
Kurz miteinander vermengen. Nun das Wasser hinein
geben und auf höchster Stufe zügig mit dem
Handrührgerät vermischen. Eine Brotform mit
Backpapier ausschlagen und den Teig hinein geben. Bei
180 Grad ca. 1 Stunde backen.

Knäckebrot

Zutaten
4 EL Goldleinsaat gemahlen
1 Ei
1 Prise Salz
etwas Sesam zum Bestreuen

Zubereitung
Alle Zutaten außer Sesam zusammenrühren. Eine
Mikrowellen geeignete Form bereitstellen. Den Teig in
die Form streichen und mit Sesam bestreuen. Alles in
Knäckebrot Stücke schneiden. In der Mikrowelle auf
höchster Stufe backen, bis das Knäcke richtig hart ist.
Das dauert ca. 5 Minuten.

Rosmarin Knäcke

Zutaten
4 EL Goldleinsaat gemahlen
1 Ei
1 EL Rosmarin getrocknet
1 EL Sonnenblumenkerne
1 Prise Salz
etwas Sesam zum Bestreuen

Zubereitung
Alle Zutaten außer Sesam zusammenrühren. Eine
Mikrowellen geeignete Form bereitstellen. Den Teig in
die Form streichen und mit Sesam bestreuen. Alles in
Knäckebrot Stücke schneiden. In der Mikrowelle auf
höchster Stufe backen, bis das Knäcke richtig hart ist.
Das dauert ca. 5 Minuten.

Basilikum Knäcke

Zutaten
4 EL Goldleinsaat gemahlen
1 Ei
1 EL Basilikum getrocknet
1 EL Hartkäse
1 EL Sonnenblumenkerne
1 Prise Salz
etwas Sesam zum Bestreuen

Zubereitung
Alle Zutaten außer Sesam zusammenrühren. Eine
Mikrowellen geeignete Form bereitstellen. Den Teig in
die Form streichen und mit Sesam bestreuen. Alles in
Knäckebrot Stücke schneiden. In der Mikrowelle auf
höchster Stufe backen, bis das Knäcke richtig hart ist.
Das dauert ca. 5 Minuten.

Kürbiskerne Käse Knäcke

Zutaten
4 EL Goldleinsaat gemahlen
1 EL Streukäse
1 EL Kürbiskerne
1 Ei
1 Prise Salz
etwas Sesam zum Bestreuen

Zubereitung
Alle Zutaten außer Sesam zusammenrühren. Eine
Mikrowellen geeignete Form bereitstellen. Den Teig in
die Form streichen und mit Sesam bestreuen. Alles in
Knäckebrot Stücke schneiden. In der Mikrowelle auf
höchster Stufe backen, bis das Knäcke richtig hart ist.
Das dauert ca. 5 Minuten.

Chiasamen Knäcke

Zutaten
4 EL Goldleinsaat gemahlen
1 EL Chiasamen
1 EL geriebener Käse
1 Ei
1 Prise Salz
etwas Sesam zum Bestreuen

Zubereitung
Alle Zutaten außer Sesam zusammenrühren. Eine
Mikrowellen geeignete Form bereitstellen. Den Teig in
die Form streichen und mit Sesam bestreuen. Alles in
Knäckebrot Stücke schneiden. In der Mikrowelle auf
höchster Stufe backen, bis das Knäcke richtig hart ist.
Das dauert ca. 5 Minuten.

Paranuss Knäcke

Zutaten
4 EL Goldleinsaat gemahlen
1 EL Paranüsse gehackt
1 EL geriebener Käse
1 Ei
1 Prise Salz
etwas Sesam zum Bestreuen

Zubereitung
Alle Zutaten außer Sesam zusammenrühren. Eine
Mikrowellen geeignete Form bereitstellen. Den Teig in
die Form streichen und mit Sesam bestreuen. Alles in
Knäckebrot Stücke schneiden. In der Mikrowelle auf
höchster Stufe backen, bis das Knäcke richtig hart ist.
Das dauert ca. 5 Minuten.

Haferkleie Brot

Zutaten
350g Haferkleie gemahlen
60 g Dinkelmehl
100 g Gluten
1 Pck. Hefe
80g Magerquark
1 EL Olivenöl
1 Prise Zucker
1/2 TL Salz
1/2 TL Brotgewürz
380 ml lauwarmes Wasser

Zubereitung
Die Hefe, die Prise Zucker und das Wasser in eine
Rührschüssel geben. Alles miteinander verrühren, damit
sich die Hefe gut auflöst. Nun die übrigen Zutaten
einfügen. Mit dem Rührgerät auf höchster Stufe
vermengen. Eine Brotform mit Backpapier auslegen. Den
Teig hinein geben und das Brot 1 Stunde ruhen lassen.
Bei 200 Grad ca. 1 Stunde backen.

Kümmelbrot

Zutaten
300 g Magerquark
100 g Mandeln gemahlen
100 g Leinsamen gemahlen
1 EL Kümmel
20 g Butter
5 EL Weizenspeisekleie
8 Eier
1 TL Salz
1 Pck. Backpulver
2 EL Sonnenblumenkerne

Zubereitung
Alle Zutaten außer den Sonnenblumenkernen in eine
Schüssel geben und vermengen. Eine Kastenform mit
Backpapier auskleiden und den Teig hinein geben. Mit
den Sonnenblumenkernen bestreuen und in den Ofen
schieben. Bei 180 Grad ca. 1 Stunde backen.

Kürbiskernbrot

Zutaten
250 g gemahlene Mandeln weiß
80 g Kürbiskerne
90 g gemahlene Flohsamenschalen
2 TL Backpulver
1 Teelöffel Salz
60 g Apfelessig
6 Eiweiße geschlagen
340 g kochendes Wasser

Zubereitung
Alle Zutaten außer dem Wasser in eine Schüssel geben.
Kurz miteinander vermengen. Nun das Wasser hinein
geben und auf höchster Stufe zügig mit dem
Handrührgerät vermischen. Eine Brotform mit
Backpapier ausschlagen und den Teig hinein geben.
Eventuell noch mit ein paar Kürbiskernen bestreuen. Bei
180 Grad ca. 1 Stunde backen.

Schnelles Haferbrot

Zutaten
250 g Haferkleie
50 g Weizenkleie
1 Pck. Backpulver
3 Prisen Salz
450 g Quark
6 Eier

Zubereitung
Alle Zutaten in eine Schüssel geben und mit dem
Rührgerät vermengen. Eine Brotform mit Backpapier
auslegen oder gut einfetten. Den Teig hinein geben und
bei 180 Grad eine Stunde backen.

Joghurt Brot

Zutaten
Teig
400 g Sojajoghurt
120 g gemahlene Mandeln
60 g Leinsamen gemahlen
50 g Vollkornmehl
3 0g Weizenkleie
1 Päckchen Backpulver
1 TL Salz

Zutaten
Zum Bestreuen
20 g Sonnenblumenkerne

Zubereitung
Die Teigzutaten in ein Rührgefäß geben und mit dem
Mixgerät zu einer sämigen Masse mixen. Eine Backform
gut einfetten und den Teig hinein geben. Mit den
Sonnenblumenkernen bestreuen und bei 180 Grad ca. 1
Stunde backen.

Kleine Fladenbrote

Zutaten
Teig
100 g Magerquark
15 g Gluten
2 Eier getrennt, dass Eiweiß
muss aufgeschlagen sein

Zutaten
Zum Bestreuen
1 EL Sesam
etwas Kümmel

Zubereitung
Quark, Gluten und Eigelbe in eine Schüssel geben und
vermengen. Jetzt das Eiweiß unterheben. Ein Blech mit
Backpapier auslegen und kleine runde Fladen auf das
Papier mit dem Löffel heben. Die Fladen mit dem Sesam
und den Kümmel bestreuen und bei 180 Grad ca. 20
Minuten backen.

Pizza Fladen

Zutaten
Teig
100 g Magerquark
15 g Gluten
1 TL Pizzagewürz
1 EL Streukäse
2 Eier getrennt, dass Eiweiß
muss aufgeschlagen sein

Zutaten
Streukäse
1 EL getrocknete
Tomaten

Zubereitung
Quark, Gluten, Pizzagewürz, Streukäse und Eigelbe in
eine Schüssel geben und vermengen. Jetzt das Eiweiß
unterheben. Ein Blech mit Backpapier auslegen und
kleine runde Fladen auf das Papier mit dem Löffel heben.
Die Fladen mit dem Käse und den Tomaten bestreuen
und bei 180 Grad ca. 20 Minuten backen.

Ziegenkäse Fladen

Zutaten
Teig
100 g Magerquark
50 Ziegenkäse
30 g Gluten
2 Eier getrennt, dass Eiweiß
muss aufgeschlagen sein

Zutaten
Zum Bestreuen
1 EL Sesam
etwas Rosmarin

Zubereitung
Quark, Gluten und Eigelbe und Ziegenkäse in eine
Schüssel geben und vermengen. Jetzt das Eiweiß
unterheben. Ein Blech mit Backpapier auslegen und
kleine runde Fladen auf das Papier mit dem Löffel heben.
Die Fladen mit dem Sesam und den Rosmarin bestreuen
und bei 180 Grad ca. 20 Minuten backen.

Oliven Fladen

Zutaten
Teig
100 g Magerquark
15 g Gluten
5 schwarze Oliven gehackt
2 Eier getrennt, dass Eiweiß
muss aufgeschlagen sein

Zutaten
Zum Bestreuen
1 EL Sesam
etwas Rosmarin

Zubereitung
Quark, Gluten und Eigelbe in eine Schüssel geben und
vermengen. Jetzt das Eiweiß unterheben. Ein Blech mit
Backpapier auslegen und kleine runde Fladen auf das
Papier mit dem Löffel heben. Die Fladen mit dem Sesam
und den Rosmarin bestreuen und bei 180 Grad ca. 20
Minuten backen.

Salami Fladen

Zutaten
Teig
100 g Magerquark
50 g Salami in Stücken
15 g Gluten
2 Eier getrennt, dass Eiweiß
muss aufgeschlagen sein

Zutaten
Zum Bestreuen
1 EL Sesam
etwas Käse

Zubereitung
Quark, Gluten und Eigelbe in eine Schüssel geben und
vermengen. Jetzt das Eiweiß unterheben. Ein Blech mit
Backpapier auslegen und kleine runde Fladen auf das
Papier mit dem Löffel heben. Die Fladen mit dem Sesam
und den Käse bestreuen und bei 180 Grad ca. 20 Minuten
backen.

Kichererbsenbrot

Zutaten
250 g Gluten
100g Mandeln
100 g Leinsamen
80 g Kichererbsenmehl
1 Würfel Hefe
1 TL Brotgewürz
1 TL Salz
300 ml lauwarmes Wasser
1 Prise Zucker

Zubereitung
Wasser, Hefe und Zucker in eine Schüssel geben und
auflösen. Nun die übrigen Zutaten in die Schüssel geben
und mit dem Rührgerät auf höchster Stufe zum Teig
kneten. Den Teig in eine Backform geben und bei 200
Grad 50-60 Minuten backen. Dieses Brot ist auch vegan.

Helles Quarkbrot

Zutaten
4 Eier
200 g Quark
120 g weiße Mandeln gemahlen
1 EL Natron
1 TL Salz

Zutaten
Alle Zutaten miteinander vermengen und in eine
Mikrowellen geeignete Form geben. Bei 800 Watt ca. 6
Minuten garen.

Sesambrot

Zutaten
100 g Butter
1 Prise Salz
100g Sesam gemahlen
1/2 TL Backpulver
3 Eier
1 TL Chiasamen

Zubereitung
Hierbei handelt es sich um ein kleines Brot. Man kann es entweder in Muffinformen oder in eine kleine Brotbackform füllen. Zunächst alle Zutaten in eine Schüssel geben und gut verrühren. In die besagte Form füllen. Bei 180 Grad ca. 30 Minuten backen.

Veganes Hefebrot

Zutaten
250 g Gluten
280g Mandeln
1 Würfel Hefe
1 TL Brotgewürz
1 TL Salz
300 ml lauwarmes Wasser
1 Prise Zucker

Zubereitung
Wasser, Hefe und Zucker in eine Schüssel geben und
auflösen. Nun die übrigen Zutaten in die Schüssel geben
und mit dem Rührgerät auf höchster Stufe zum Teig
kneten. Den Teig in eine Backform geben und bei 200
Grad 50-60 Minuten backen. Dieses Brot ist auch vegan.

Mandeljoghurt Brot

Zutaten
Teig
400 g Sojajoghurt
180 g gemahlene Mandeln
50 g Vollkornmehl
30 g Weizenkleie
1 Päckchen Backpulver
1 TL Salz

Zutaten
Zum Bestreuen
20 g Sonnenblumenkerne

Zubereitung
Die Teigzutaten in ein Rührgefäß geben und mit dem
Mixgerät zu einer sämigen Masse mixen. Eine Backform
gut einfetten und den Teig hinein geben. Mit den
Sonnenblumenkernen bestreuen und bei 180 Grad ca. 1
Stunde backen.

Knuspriges Walnussbrot

Zutaten
4 Eier
1 TL Natron
200 g Naturjoghurt
60 ml Olivenöl
1 TL Brotgewürz
1 TL Salz
500 g gemahlene Walnüsse

Zutaten
Alle Zutaten in eine Schüssel führen und mit dem Rührgerät vermischen. Eine Brotbackform mit Backpapier auslegen und den Teig hinein füllen. Das Brot bei 200 Grad ca. eine Stunde backen.

Knuspriges Haselnussbrot

Zutaten
4 Eier
1 TL Natron
200 g Naturjoghurt
60 ml Olivenöl
1 TL Brotgewürz
1 TL Salz
500 g gemahlene Haselnüsse

Zutaten
Alle Zutaten in eine Schüssel führen und mit dem
Rührgerät vermischen. Eine Brotbackform mit
Backpapier auslegen und den Teig hinein füllen.
Das Brot bei 200 Grad ca. eine Stunde backen.

Knuspriges Mandelbrot

Zutaten
4 Eier
1 TL Natron
200 g Naturjoghurt
60 ml Olivenöl
1 TL Brotgewürz
1 TL Salz
500 g gemahlene Mandeln

Zutaten
Alle Zutaten in eine Schüssel führen und mit dem
Rührgerät vermischen. Eine Brotbackform mit
Backpapier auslegen und den Teig hinein füllen.
Das Brot bei 200 Grad ca. eine Stunde backen.

Süßes Kokosbrot

Zutaten
4 Eier
1 TL Natron
200 g Naturjoghurt
60 ml Kokosöl
Süßstoff nach Geschmack
1 EL Rosinen
1 TL Salz
250 g gemahlene Mandeln
250 g gemahlene Kokosflocken

Zutaten
Alle Zutaten in eine Schüssel führen und mit dem
Rührgerät vermischen. Eine Brotbackform mit
Backpapier auslegen und den Teig hinein füllen.
Das Brot bei 200 Grad ca. eine Stunde backen.

Süßes Mandelbrot

Zutaten
4 Eier
1 TL Natron
200 g Naturjoghurt
60 ml Erdnussöl
Süßstoff nach Geschmack
1 EL Rosinen
1 TL Salz
500 g gemahlene Mandeln

Zutaten
Alle Zutaten in eine Schüssel führen und mit dem
Rührgerät vermischen. Eine Brotbackform mit
Backpapier auslegen und den Teig hinein füllen.
Das Brot bei 200 Grad ca. eine Stunde backen.

Kokos Bananenbrot

Zutaten
4 Eier
1 TL Natron
250 g Naturjoghurt
60 ml Kokosöl
Süßstoff nach Geschmack
1 zerdrückte Banane
1 TL Salz
250 g gemahlene Mandeln
50 g gehackte Mandeln
250 g gemahlene Kokosflocken

Zutaten
Alle Zutaten in eine Schüssel führen und mit dem
Rührgerät vermischen. Eine Brotbackform mit
Backpapier auslegen und den Teig hinein füllen.
Das Brot bei 200 Grad ca. eine Stunde backen.

Affenbrot

Zutaten
4 Eier
1 TL Natron
200 g Naturjoghurt
60 ml Kokosöl
Süßstoff nach Geschmack
1 zerdrückte Banane
2 EL Backkakao
1 Prise Zimt
1 TL Salz
250 g gemahlene Mandeln
250 g gemahlene Kokosflocken

Zutaten
Alle Zutaten in eine Schüssel führen und mit dem Rührgerät vermischen. Eine Brotbackform mit Backpapier auslegen und den Teig hinein füllen. Das Brot bei 200 Grad ca. eine Stunde backen.

Rustikales Sonnenblumenkernbrot

Zutaten
4 Eier
1 TL Natron
100 g Naturjoghurt
100 g Bier
60 ml Olivenöl
1 TL Brotgewürz
1 TL Salz
350 g gemahlene Mandeln
150 g Sonnenblumenkerne

Zutaten
Alle Zutaten in eine Schüssel führen und mit dem
Rührgerät vermischen. Eine Brotbackform mit
Backpapier auslegen und den Teig hinein füllen.
Das Brot bei 200 Grad ca. eine Stunde backen.

Rustikales Kürbiskernbrot

Zutaten
4 Eier
1 TL Natron
100 g Naturjoghurt
100 g Bier
60 ml Olivenöl
1 TL Brotgewürz
1 TL Salz
350 g gemahlene Mandeln
150 g Kürbiskerne

Zutaten
Alle Zutaten in eine Schüssel führen und mit dem
Rührgerät vermischen. Eine Brotbackform mit
Backpapier auslegen und den Teig hinein füllen.
Das Brot bei 200 Grad ca. eine Stunde backen.

Kürbiskern Käsebrot

Zutaten
4 Eier
1 TL Natron
100 g Naturjoghurt
100 g Bier
60 ml Olivenöl
1 TL Brotgewürz
1 TL Salz
350 g gemahlene Mandeln
150 g Kürbiskerne
100 g Emmentaler gerieben
1 TL Kümmel

Zutaten
Alle Zutaten in eine Schüssel führen und mit dem
Rührgerät vermischen. Eine Brotbackform mit
Backpapier auslegen und den Teig hinein füllen.
Das Brot bei 200 Grad ca. eine Stunde backen.

Macadamianuss Brot

Zutaten
4 Eier
1 TL Natron
200 g Naturjoghurt
60 ml Olivenöl
1 TL Brotgewürz
1 TL Salz
400 g gemahlene Mandeln
100 g Macadamias

Zutaten
Alle Zutaten in eine Schüssel führen und mit dem
Rührgerät vermischen. Eine Brotbackform mit
Backpapier auslegen und den Teig hinein füllen.
Das Brot bei 200 Grad ca. eine Stunde backen.

Pinienkerne Brot

Zutaten
4 Eier
1 TL Natron
200 g Naturjoghurt
60 ml Olivenöl
1 TL Brotgewürz
1 TL Salz
300 g gemahlene Mandeln
100 g Kokosflocken gemahlen
100 g Pinienkerne

Zutaten
Alle Zutaten in eine Schüssel führen und mit dem
Rührgerät vermischen. Eine Brotbackform mit
Backpapier auslegen und den Teig hinein füllen.
Das Brot bei 200 Grad ca. eine Stunde backen.

Kastanienmehl Brot

Zutaten
4 Eier
1 TL Natron
200 g Naturjoghurt
60 ml Olivenöl
1 TL Brotgewürz
1 TL Salz
300 g gemahlene Walnüsse
200 g Kastanienmehl

Zutaten
Alle Zutaten in eine Schüssel führen und mit dem
Rührgerät vermischen. Eine Brotbackform mit
Backpapier auslegen und den Teig hinein füllen.
Das Brot bei 200 Grad ca. eine Stunde backen.

Flohsamen Brot

Zutaten
4 Eier
1 TL Natron
200 g Naturjoghurt
60 ml Olivenöl
1 TL Brotgewürz
1 TL Salz
300 g gemahlene Mandeln
200 g Flohsamenschalen

Zutaten
Alle Zutaten in eine Schüssel führen und mit dem Rührgerät vermischen. Eine Brotbackform mit Backpapier auslegen und den Teig hinein füllen. Das Brot bei 200 Grad ca. eine Stunde backen.

Kastanienmehl Brot

Zutaten
4 Eier
1 TL Natron
200 g Naturjoghurt
60 ml Olivenöl
1 TL Brotgewürz
1 TL Salz
300 g gemahlene Walnüsse
200 g Kastanienmehl

Zutaten
Alle Zutaten in eine Schüssel führen und mit dem
Rührgerät vermischen. Eine Brotbackform mit
Backpapier auslegen und den Teig hinein füllen.
Das Brot bei 200 Grad ca. eine Stunde backen.

Kürbiskern Kastanienmehl Brot

Zutaten
4 Eier
1 TL Natron
200 g Naturjoghurt
60 ml Olivenöl
1 TL Brotgewürz
1 TL Salz
300 g gemahlene Walnüsse
200 g Kastanienmehl
100 g Kürbiskerne

Zutaten
Alle Zutaten in eine Schüssel führen und mit dem
Rührgerät vermischen. Eine Brotbackform mit
Backpapier auslegen und den Teig hinein füllen.
Das Brot bei 200 Grad ca. eine Stunde backen.

Mohnbrot

Zutaten
300 g Magerquark
100 g Mandeln gemahlen
100 g Leinsamen gemahlen
20 g Butter
5 EL Weizenspeisekleie
8 Eier
1 TL Salz
1 Pck. Backpulver
100 g Mohn

Mohn zum Bestreuen

Zubereitung
Alle Zutaten außer den Sonnenblumenkernen in eine Schüssel geben und vermengen. Eine Kastenform mit Backpapier auskleiden und den Teig hinein geben. Mit dem Mohn bestreuen und in den Ofen schieben. Bei 180 Grad ca. 1 Stunde backen.

Sesambrot

Zutaten
300 g Magerquark
100 g Mandeln gemahlen
100 g Leinsamen gemahlen
20 g Butter
5 EL Weizenspeisekleie
8 Eier
100 g Sesam
1 TL Salz
1 Pck. Backpulver
Sesam zum Bestreuen

Zubereitung
Alle Zutaten außer den Sonnenblumenkernen in eine
Schüssel geben und vermengen. Eine Kastenform mit
Backpapier auskleiden und den Teig hinein geben. Mit
dem Sesam bestreuen und in den Ofen schieben. Bei 180
Grad ca. 1 Stunde backen.

Nachtrag zum Impressum

Copyright / Bilderquelle

Everystockphoto.com
- devilroad
- Crystal
- Ljguitar
- Crystal
- Visualpanic
- Average Jane

Fotolia.com
- Foodpics

Herstellung und Verlag:
BoD - Books on Demand, Norderstedt
ISBN 978-3-7357-9276-1